LÉON DE VILLIERS & GEORGES DE TARGES

PARIS SAUVÉ!!!

OU LA

DÉBACLE DE LA COMMUNE

PARIS

BUREAUX
DE LA BIBLIOTHÈQUE GÉNÉRALE
1, rue Méhul, 1

E. LACHAUD,
LIBRAIRE-ÉDITEUR
4, place du Théâtre-Français, 4

TOUS DROITS RÉSERVÉS

1871

PARIS SAUVÉ!!!

OU LA

DÉBACLE DE LA COMMUNE

1871

PARIS INCENDIÉ
25 MAI 1871

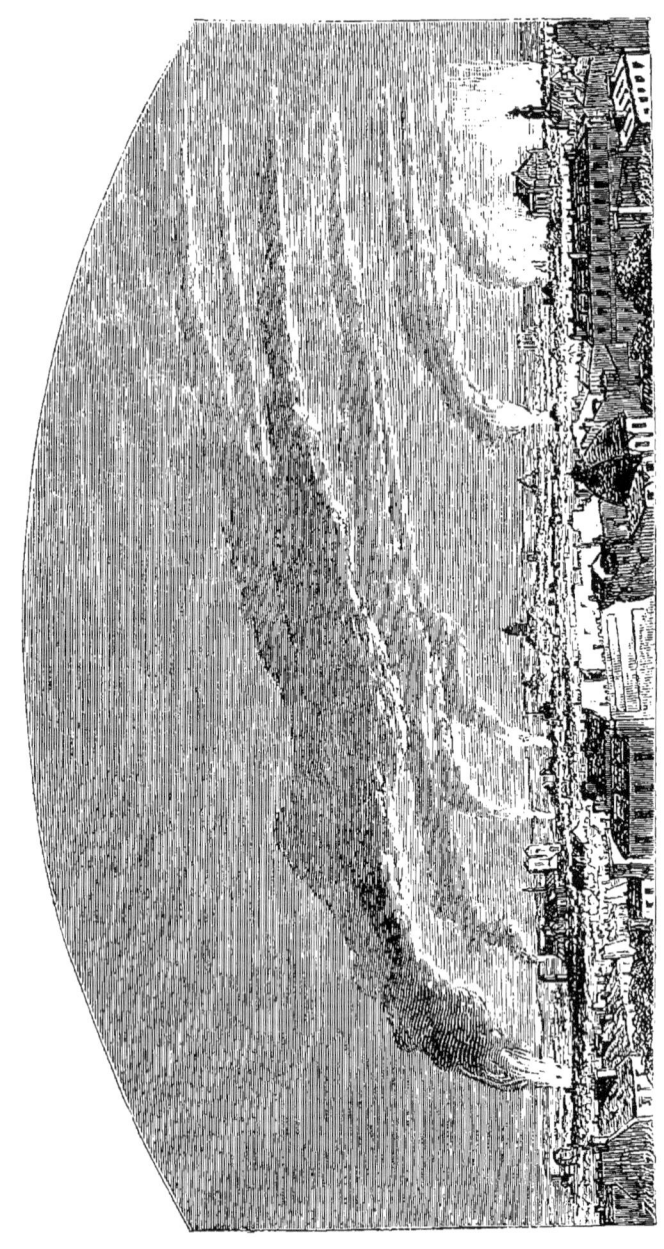

HOTEL DE VILLE. St-EUSTACHE. THÉATRE LYRIQUE. PALAIS DE JUSTICE. PALAIS-ROYAL. PALAIS DES TUILERIES. Fbg SAINT-GERMAIN.

LÉON DE VILLIERS & GEORGES DE TARGES

PARIS SAUVÉ!!!

ou la

DÉBACLE DE LA COMMUNE

PARIS

BUREAUX	E. LACHAUD,
DE LA BIBLIOTHÈQUE GÉNÉRALE	LIBRAIRE-ÉDITEUR
1, rue Méhul, 1	4, place du Théâtre-Français, 4

TOUS DROITS RÉSERVÉS

1871

Saint-Quentin. — Imp. J. MOUREAU.

PARIS SAUVÉ!!!

ou

LA DÉBACLE DE LA COMMUNE

DIMANCHE VINGT ET UN MAI

Il y avait ce jour-là grand concert dans le jardin des Tuileries ; on avait d'abord eu l'idée de réunir les exécutants sur la place de la Concorde, mais des projectiles étaient arrivés la veille jusqu'au pied de l'Obélisque et, par prudence, les organisateurs de la fête avaient dû modifier leur programme.

*
* *

Jusqu'à quatre heures la physionomie du centre de Paris était restée la même, les grands boulevards, les quais, la rue de Rivoli et même les quinconces des Champs-Elysées exposés depuis plusieurs jours aux éclats des obus étaient encombrés de promeneurs.

La population parisienne, habituée depuis longtemps au bruit du canon semblait se préoccuper médiocrement du tapage infernal que l'on faisait à ses portes.

Cependant certains symptômes significatifs se manifestaient déjà : une estafette venait d'arriver bride abattue au palais des Tuileries où se trouvaient, à l'occasion du concert, plusieurs délégués et quelques membres de la Commune; à leurs physionomies bouleversées, aux questions qu'ils adressaient tous à la fois au cavalier chargé de leur transmettre la dépêche, on devinait qu'il s'agissait d'un événement important.

* * *

En effet, les chefs de l'insurrection apprenaient une terrifiante nouvelle, « l'avant-garde » de l'armée de Versailles vient de franchir les » remparts. » Personne du reste, aux Tuileries, ne fut mis dans la confidence et le concert put s'achever sans désordre : seulement il y avait dans l'air comme un mystérieux avertissement du Ciel à l'adresse de tous; chacun se sentant mal à l'aise avait hâte de quitter sa place et l'orchestre lui-même, entraîné par le courant électrique, pressait involontairement la mesure, comme pour arriver plus vite à la fin de son dernier morceau.

* * *

En rentrant chez eux ce soir-là, les Parisiens, sans se rendre bien compte de la situation, purent constater cependant l'agitation fébrile de la capitale : des cavaliers lancés au galop et venant de l'Hôtel-de-Ville couraient dans toutes les directions et les membres de la Commune, faisant les fonctions de Maires, s'empressaient tous de se rendre à leurs postes dans les municipalités.

*
* *

Evidemment il se passait quelque chose d'insolite ; mais on était loin de se douter que la délivrance fût si proche.

*
* *

Que s'était-il donc passé pendant cette journée du dimanche ?

*
* *

Dès le matin, cinq cents réfractaires de Montrouge, pères de famille pour la plupart, avaient été amenés à la porte d'Orléans par deux cents insurgés : on leur avait remis des fusils avec injonction de se mêler *aux purs* et de venir se battre avec eux. Les réfractaires une fois armés s'y refusèrent énergiquement et une collision sanglante allait éclater, lorsque les fédérés ne se sentant pas les plus forts, avaient jugé prudent de battre en retraite ; ils s'étaient donc retirés en proférant d'horribles menaces et en annonçant qu'ils allaient revenir en force pour mettre les traîtres à la raison.

*
* *

Un fait à peu près semblable s'était passé dans l'après-midi du côté de Grenelle où deux bataillons se trouvaient réunis devant la Mairie; l'un bien décidé à ne pas combattre pour la Commune, l'autre prétendant forcer celui-ci à obéir aux ordres du citoyen Delescluze qui leur enjoignait de se rendre à Passy ; on allait en venir aux mains quand tout à coup une vive fusillade éclata dans la direction du Point-du-Jour et presque aussitôt des femmes et des enfants affolés arrivèrent en poussant des cris d'effroi. « Sauvez-vous, sauvez-vous disaient-ils, voici les Versaillais! » A ce moment le bataillon des forcenés se replia lestement en arrière, laissant le champ libre aux réfractaires qui se précipitèrent au-devant de nos braves soldats aux cris de : *Vive la Ligne.*

*
* *

Il était quatre heures environ quand l'avant-garde de l'armée franchit la brèche du Point-du-Jour; cette avant-garde était composée de marins (1).

---

(1) On raconte encore l'épisode suivant concernant l'entrée des troupes dans Paris.

Dans la soirée du dimanche, les troupes désignées pour l'assaut se tenaient tranquillement dans les tranchées, attendant l'ordre d'agir, quand un officier de marine qui inspectait les postes, aperçut un individu debout sur les remparts, lui faisant des signaux avec son mouchoir. Cet officier (M. Trève),

La canonnade incessante, qui, depuis plusieurs jours balayait les remparts, avait forcé les insurgés à se réfugier dans des abris assez éloignés des fortifications, et puis, on le sait de reste, la discipline n'était pas leur vertu dominante et la plupart des hommes préposés à la garde du Point-du-Jour et de la porte de Saint-Cloud avaient bien autre chose à faire: ils s'étaient dispersés dans les environs, les uns pillant les maisons abandonnées, les autres réquisitionnant, au nom de la Commune, les habitants restés chez eux.

* *

Les marins qui entrèrent les premiers dans Paris n'éprouvèrent donc pas de résistance sérieuse.

Ils étaient suivis d'un corps d'infanterie faisant partie de la division du général Douay; ces troupes longèrent les remparts dans la direction du nord et s'empressèrent de rétablir les ponts-levis à chaque porte.

s'approcha du fossé et demanda à la personne qui semblait vouloir parlementer si elle avait quelque chose à lui communiquer. « J'ai à vous dire, lui répondit-elle, que la brèche que » vous avez devant vous n'est pas gardée ; faites approcher vos » hommes, et ils pénétreront dans la ville sans obstacle. » Ce pouvait être une ruse, un guet-apens ; toutefois, l'officier de marine n'hésita pas un seul instant, il fit signe à ses soldats de le suivre, et seul d'abord, quelques moments après, suivi par les marins, il traversa le fossé en passant sur une poutre et entra dans Paris sans coup férir.

Pendant cette opération, un second corps d'infanterie, sous les ordres du général Vinoy, traversant au pas de course le viaduc d'Auteuil, s'emparait au sud des portes d'Issy et de Vaugirard, tandis que, de son côté, le général de Cissey faisait enfoncer celle de Sèvres.

⁎
⁎ ⁎

On voit par ce qui précède que, dimanche soir, au moment où l'orchestre des Tuileries jetait au vent ses dernières notes, les corps d'armée des généraux Douay, Vinoy et de Cissey faisaient leur entrée dans Paris.

⁎
⁎ ⁎

C'est cette stupéfiante nouvelle qui avait si vivement ému les *mélomanes* de la Commune.

⁎
⁎ ⁎

Le citoyen Delescluze, informé le premier des événements qui se passaient au sud et à l'ouest de Paris, s'empressa de se rendre à l'Hôtel-de-Ville pour organiser la défense. Par son ordre, de nombreuses barricades furent immédiatement ébauchées, et, pendant la nuit, elles sortirent de terre comme par enchantement; en même temps on battait le rappel, et le tocsin sonnait à toutes les paroisses.

⁎
⁎ ⁎

C'est pendant ce branle-bas de combat que le général Eudes envoya au commandant des insurgés qui occupaient le Palais-Royal, un ordre ainsi conçu : « Faites évacuer le Palais-Royal ; » brûlez-le et repliez-vous sur l'Hôtel-de-Ville. » Le cachet de la Commune manquait à cet ordre et on ne crut pas devoir l'exécuter. C'est également dans la nuit de dimanche à lundi que la Commune envoya au citoyen Lepay, adjudant au 82e bataillon, l'ordre d'incendier le faubourg Saint-Germain.

LUNDI VINGT-DEUX MAI

Voici quelle était la situation lundi matin.

**

Le dimanche soir, les soldats de la Commune avaient été surpris, et le bénéfice de la surprise si brusquement exécutée par l'armée de Versailles était d'avoir pu s'emparer de plusieurs positions importantes.

1° Les troupes du général Vinoy avaient assuré les communications entre les deux parties de l'armée en occupant le pont de Grenelle.

2° Elles avaient enlevé la batterie du Trocadéro et la formidable redoute de l'Arc-de-Triomphe, dont on avait immédiatement braqué les pièces sur les terrasses des Tuileries.

3° Sur la rive gauche, le général de Cissey occupait le Champ-de-Mars et les boulevards de l'ancienne zône jusqu'à la gare Montparnasse, restée encore à ce moment au pouvoir des insurgés.

**

A la pointe du jour, l'armée se formait en cinq colonnes; la première, celle du général de

Cissey, devait opérer sur la rive gauche en se dirigeant sur le Panthéon et la barrière d'Italie.

Le deuxième et le troisième corps, ceux du général Douay et du général Vinoy devaient avoir le centre pour objectif, et se séparer plus tard à la hauteur des grands boulevards et de la rue de Rivoli.

Enfin le quatrième corps, celui du général Clinchamp, devait se diriger vers la droite pour investir les Buttes-Montmartre du côté des Batignolles, pendant qu'une cinquième division commandée par le général Montaudon longerait, en dehors, le mur d'enceinte pour prendre les Buttes à revers par Clichy, Saint-Ouen et la chaussée de Clignancourt.

Pendant les opérations commencées simultanément à droite et à gauche, les batteries de l'Arc-de-Triomphe tenaient en respect celles de la place de la Concorde et des Tuileries, l'ordre de marcher en avant ne devant être donné au centre qu'au moment où les deux ailes seraient arrivées à des points donnés, fixés d'avance par le général en chef, le maréchal de Mac-Mahon duc de Magenta.

*
* *

A la même heure, cinq heures du matin, les gardes nationaux de la rive gauche restés fidèles à la cause de l'ordre, prévenus de l'arrivée des Versaillais, se préparaient à seconder les efforts de l'armée et le lieutenant-colonel Durouchoux commandant les bataillons du VII⁰ arrondissement leur donnait rendez-vous pour neuf heures au square de Petits-Ménages.

* * *

« Pendant que les capitaines commandants prévenaient les officiers et les hommes, un premier incident se produisait aux écoles de la rue du Bac.

» Le sous-lieutenant Vrignault, porte-drapeau du 16ᵉ bataillon, et l'adjudant payeur Guyard, qui ont fait preuve dans ces deux journées d'une grande bravoure, enlevaient le drapeau rouge qui se trouvait à l'école communale, rue du Bac, ainsi que celui qui était arboré au commissariat de police, rue de Varennes, et y substituaient, aux applaudissements des habitants du quartier, le drapeau tricolore.

* * *

» C'était pour la première fois que, depuis la Commune, le drapeau national était arboré dans Paris.

* * *

» Peu de temps après, les deux membres de la Commune qui ont opprimé le VIIᵉ arrondissement, Urbain et Sicard, parcouraient à cheval les rues du quartier Saint-Thomas d'Aquin, excitant leurs adhérents à élever des barricades, aux principaux carrefours, notamment à l'intersection des rues du Bac et de Grenelle.

» Le colonel Durouchoux, prévenu, descend dans la rue en uniforme ; il rallie le lieutenant Morin, de la 2e compagnie de guerre du 16e bataillon ; le sous-lieutenant Vrignault, porte-drapeau du 16e ; Cassan, sergent-major de la 1re compagnie de guerre du 16e et Grandin, garde à la 3e sédentaire du 16e bataillon, et il se précipite, le sabre à la main, sur la barricade aux cris de Vive la République ! à bas la Commune ! — Les insurgés se dispersent devant cet élan, et le colonel s'engageait avec sa vaillante escorte dans la rue de Grenelle, lorsqu'un coup de feu parti du n° 81 le frappe au cou et à l'épaule. Il fallut le transporter dans une ambulance provisoire, rue des Dames de la Visitation Sainte-Marie, où les premiers soins lui furent donnés par les docteurs Curie et Paul Chapusot (1).

(1) Nous apprenons que les habitants du quartier Saint-Germain ont pris l'initiative d'une proposition qui fait autant d'honneur à ceux qui la font qu'à celui qui en est l'objet. Ils ont demandé la croix de la Légion d'honneur, pour le docteur Chapusot. Ce sera nous l'espérons, la digne récompense du dévouement et du zèle qu'il a déployés pour soigner les malades et les blessés pendant les deux sièges de Paris.

» Lorsque ses camarades revinrent par le passage Sainte-Marie au carrefour des rues du Bac et de Grenelle, ils y trouvèrent d'autres habitants du quartier accourus pour la défense de l'ordre, notamment le lieutenant Blamont, du 17e bataillon, qui avait planté, au milieu du carrefour, le drapeau tricolore.

» Les gardes nationaux et les volontaires, au nombre de 25 environ, occupèrent les quatre maisons formant le carrefour. Un feu qui ne s'est guère ralenti pendant deux jours s'engagea entre cette poignée d'hommes et les insurgés établis à la grande barricade de la rue du Bac, en face le Petit Saint-Thomas.

» Un autre groupe de gardes nationaux et de volontaires s'établit à l'intersection des rues du Bac, à la hauteur de la rue de Babylone, et soutint pendant toute la journée du lundi une vive fusillade contre les fédérés établis à la barricade de la rue Bellechasse, à l'hôtel de Chanaleilles. Pendant la journée quarante ou cinquante hommes sont parvenus, dans un quartier cerné de tous les côtés par les insurgés, à se maintenir dans le périmètre s'étendant de la rue de Grenelle à la rue de Sèvres, et ont protégé ainsi une partie de la rue du Bac, la rue de Varennes et la rue de Babylone.

» C'est dans la soirée que les éclaireurs du 39ᵉ de ligne sont venus, sous le commandement du brave lieutenant Mathieu, donner aux défenseurs de l'ordre un concours d'autant plus nécessaire que quelques minutes après les 105ᵉ et 187ᵉ bataillons, envoyés par la Commune, apparaissaient au carrefour de la rue du Bac et de la rue de Grenelle. — Apprenant l'arrivée de la troupe de ligne, ces deux bataillons battaient en retraite du côté des quais (1). »

*
* *

A midi, les troupes du général de Cissey se frayant un passage au travers les barricades, refoulaient devant elles les soldats de la Commune et arrivaient jusqu'aux Invalides.

Les insurgés, ne se sentant pas soutenus par la population de ces quartiers et comprenant que la résistance devenait impossible, se replièrent en désordre, et pour protéger leur retraite par la rue de Grenelle, firent sauter la poudrière établie dans la cour de l'Etat-major (2).

*
* *

(1) Extrait du *Bien Public*.

(2) Les ravages causés par l'explosion n'ont pas été aussi désastreux qu'ils auraient pu l'être. Placée au centre d'un des plus riches quartiers de Paris, en face de l'Archevêché, cette poudrière, en éclatant, aurait dû détruire un grand nombre de maisons et d'hôtels.

C'est à M. le comte de Périgord, second fils du duc de Périgord et frère cadet du prince de Chalais, que le quartier doit

Poursuivant toujours sa marche triomphante le général de Cissey enlevait à cinq heures la gare Montparnasse et débusquait les insurgés de la grande barricade de la route d'Orléans, près de l'église Saint-Pierre.

Sa division qui s'avançait toujours de front occupait à la même heure le Ministère des affaires étrangères, le Palais-Bourbon, le Ministère de la guerre, et un peu plus tard la Mairie du VIIe arrondissement.

*
* *

Dans la soirée, pénétrant dans les rues de Babylone et de Varennes, elle venait sur les neuf heures faire sa jonction avec les gardes nationaux solidement établis dans la rue du

---

d'avoir échappé au danger qui le menaçait. Connaissant l'existence du dépôt de poudre, soupçonnant le crime que la Commune projetait, M. le comte de Périgord avait fait pratiquer dans les caves de son hôtel, 115, rue Saint-Dominique, des galeries souterraines, et, par ces galeries, faisait chaque jour abondamment arroser les murailles de la poudrière établie derrière sa maison.

L'eau parvint ainsi à s'infiltrer peu à peu à travers les pierres jusqu'à la poudre qu'elle mouilla, et celle-ci, rendue humide, ne produisit pas, lorsqu'on l'alluma, une détonation aussi forte que l'espéraient les incendiaires.

Cet acte prouve chez son auteur autant de courage que de présence d'esprit, car si les agents de la Commune s'étaient aperçus de la précaution prise contre eux, il n'est pas douteux que M. le comte de Périgord n'eût payé de sa vie la bonne action qu'il accomplissait.

(Extrait du *Journal de Paris*.)

Bac au point où elle est traversée par la rue de Grenelle.

⁂

A ce moment, le mouvement en avant des troupes, jusque-là victorieuses, subit un temps d'arrêt qui leur permit de se masser et de prendre quelques heures de repos.

⁂

Les opérations sur la rive droite offraient plus de difficultés, il s'agissait principalement d'aborder Montmartre, non pas du côté des barricades, ce qui aurait coûté beaucoup de monde à l'armée, mais par son côté le moins défendu parce qu'on le jugeait inexpugnable c'est-à-dire sous la gueule même des canons impuissants à diriger leur feu si près et précisément au-dessous d'eux.

⁂

Cette manœuvre audacieuse fut préparée dans la soirée : mais, avant de masser les troupes sous la Butte, il avait fallu en dégager les abords et un combat sanglant s'était engagé sur le boulevard Malesherbes aux environs de la caserne de la Pépinière.

⁂

Dans ce quartier comme sur la rive gauche, les Versaillais avaient été reçus avec enthousiasme, les cris de Vive la ligne partaient de toutes les fenêtres et les gardes nationaux réfractaires, jusque-là forcés de se cacher pour se soustraire aux recherches de la Commune, sortaient en grand nombre de leurs demeures pour venir se joindre à l'armée régulière.

* *

A quatre heures du soir, la Mairie du VIIIe arrondissement était enlevée par le commandant Lecère du 5e de marche qui fit pratiquer des cheminements à travers les maisons.

* *

A six heures, le parc Monceau était occupé, le Ministère de l'Intérieur dégagé et la caserne de la Pépinière emportée d'assaut.

* *

A sept heures, la gare Saint-Lazare tombait au pouvoir des soldats du général Clinchamp et les insurgés s'enfuyaient en criant aux armes par les rues de Rome et d'Amsterdam.

* *

A la tombée de la nuit, et suivant les prévisions du général en chef, les deux colonnes du centre, ayant leurs derrières assurés par le développement en éventail des deux ailes, s'ébranlèrent à leur tour et descendant au pas de charge la longue avenue des Champs-Elysées, elles vinrent sous le feu des batteries du jardin des Tuileries occuper l'Elysée et le Palais de l'Industrie.

* * *

Esquissons maintenant pour clore cette sanglante journée du 22 la physionomie de l'Hôtel-de-Ville et de ses environs pendant la bataille.

* * *

La fermentation de la population était à son paroxysme; des barricades énormes s'élevaient à tous les coins de rues et barraient complétement la rue de Rivoli.

* * *

Des femmes, de véritables mégères s'accrochaient aux passants et les obligeaient à porter des pavés : il fallait bon gré mal gré prendre la pelle et la pioche et emplir des sacs de terre.

D'autres forcenés à moitié ivres vous mettaient un fusil dans la main en jurant sur leur honneur (?) qu'ils vous f.... une balle dans la tête si vous reculiez d'une semelle.

* * *

On n'entendait que cris, menaces, imprécations.

* * *

Heureux alors ceux qui purent s'échapper; mais hélas combien d'honnêtes citoyens se trouvèrent, malgré eux, mêlés à ces misérables, à ces assassins, à ces incendiaires qui prétendaient que l'armée de Versailles entrait à Paris avec l'intention bien arrêtée d'y porter le fer et la flamme, et de détruire sans pitié les quartiers excentriques avec tous leurs habitants.

* * *

L'Hôtel-de-Ville surtout était en ébullition ; on avait réuni sur la place de nombreuses troupes, et à chaque instant arrivaient de nouveaux bataillons, tambours en tête et le drapeau rouge au vent.

* * *

Le citoyen Delescluze installé depuis la veille dans le salon rouge du premier étage et entouré de ses fidèles, signait des ordres tout en écoutant les rapports qui lui arrivaient de tous côtés.

* * *

L'entrée de l'armée dans Paris avait surexcité au plus haut degré les membres de la Commune, ils n'osaient déjà plus parler de vaincre, mais ils répétaient tout bas avec une sombre énergie: « Mieux vaut mourir que Cayenne. »

* * *

Voici le dernier placard que la Commune fit afficher sur les murs de Paris :

« **Que tous les bons citoyens se lèvent!**

» Aux barricades ! l'ennemi est dans nos murs.
» Pas d'hésitation!
» En avant! pour la République, pour la Commune et pour la liberté!
» Aux armes!

» Paris, le 22 mai 1871.

» *Le Comité de salut public.*

» Ant. Arnaud, Billioray, Eudes, Gambon, Ranvier. »

MARDI VINGT-TROIS MAI

Le mardi matin les gardes nationaux du VII⁰ arrondissement et les volontaires qui étaient venus se joindre à eux, unissant leurs efforts à ceux des éclaireurs du 39ᵉ et de deux autres compagnies de ligne envoyées en renfort, engageaient une vive fusillade contre la barricade établie rue du Bac, presque en face des magasins du Petit-Saint-Thomas.

*
* *

A plusieurs reprises cette barricade armée de canons fit pleuvoir les obus et la mitraille, et ce ne fut que grâce à une demi-batterie d'artillerie commandée par le lieutenant Witschger que cette position put être enlevée.

*
* *

Il est à constater que seuls peut-être dans le faubourg Saint-Germain, quelques gardes nationaux et quelques volontaires du VII⁰ arrondissement ont su prendre l'initiative et n'ont pas attendu la présence des troupes pour arborer le drapeau tricolore et pour défendre eux-mêmes leurs familles et leurs maisons.

Malheureusement le quartier tout entier ne fut pas préservé de la fureur de ces misérables qui avaient osé prendre pour devise : *Liberté, Egalité, Fraternité.*

Ils ne reculèrent pas devant un crime épouvantable.

* * *

De citoyens révoltés, ils se firent incendiaires : et qu'on ne vienne pas dire pour atténuer leurs forfaits que les besoins de la défense les forçaient à en venir à de pareilles extrémités ; un fait rapporté par plusieurs personnes dignes de foi fournit la preuve évidente que Paris était voué d'avance à une entière destruction.

* * *

Vers onze heures du matin de ce même jour, 23 mai, l'église de Notre-Dame des Victoires, se mit à sonner le tocsin ; un fédéré, un ancien garde des bataillons de Flourens qui montait la garde devant le portail, laissa échapper ces paroles : « Ah ! les malheureux, les voilà qui donnent le signal. » Il fut entendu de deux femmes, une marchande de vin et une maîtresse d'hôtel qui lui arrachèrent cette révélation : « C'est le signal de l'incendie. » C'était en effet le tocsin de Notre-Dame des Victoires qui devait donner cet affreux signal ; les deux femmes appelèrent des voisins, firent enfoncer la porte de l'église, et on arrêta le sonneur qui était un capitaine de fédérés.

* * *

En incendiant une partie du faubourg Saint-Germain, ils ne faisaient donc que suivre le programme qui leur avait été transmis de l'Hôtel-de-Ville.

* * *

Chassés vigoureusement des positions qu'ils occupaient dans le milieu de la rue du Bac, les insurgés se débandèrent et s'enfuirent du côté des quais. Mais une fois à l'abri derrière leurs derniers retranchements construits rue du Bac, à la hauteur de la rue de Lille, ils se mirent alors à commencer leur infernale besogne.

* * *

Des hommes qui se faisaient appeler: *Enfants perdus, Francs-Tireurs* enfonçaient les devantures de boutiques à coups de crosses de fusils pour jeter dans les maisons des torches enflammées et des paquets d'étoupe imbibés de pétrole.

* * *

Dans la rue de Lille d'autres misérables badigeonnaient les volets des boutiques et les portes cochères avec des pinceaux trempés dans ce liquide infernal qu'ils allumaient ensuite.

* * *

« Sauvez-vous, » criaient-ils aux malheureux cherchant à se rendre maîtres du feu, « les Versaillais nous envoient des bombes à pétrole pour incendier le quartier. »

* * *

Fous de terreur, les habitants des maisons menacées s'empressaient de jeter par les fenêtres ce qu'ils avaient de plus précieux et de fuir le foyer de l'incendie qui, de minute en minute, prenait une extension nouvelle.

* * *

Alors, chose honteuse à raconter, des femmes jusqu'alors restées dans l'ombre et inconnues de tous, surgirent aux côtés des incendiaires et bientôt le pillage fut impunément organisé.

* * *

A la même heure, le feu éclatait à la Cour des comptes, à la Légion d'honneur, à la caserne Bonaparte et à la Caisse des dépôts et consignations.

Ces différents palais et bâtiments du quai d'Orsay, dans lesquels on avait accumulé à l'avance des barils de goudron et des tonneaux de pétrole, devinrent en quelques heures la proie des flammes.

La rive droite, hélas! ne devait pas être plus épargnée.

⁎ ⁎ ⁎

La division du général Clinchamp, arrivée la veille jusqu'à la caserne de la Pépinière et à la gare Saint-Lazare, laissait encore au pouvoir de l'insurrection la formidable barricade élevée à la naissance du boulevard Malesherbes, au coin de la rue de Suresne.

⁎ ⁎ ⁎

Dans la matinée du mardi, le brave colonel Thierry, à la tête de son régiment et de trois compagnies du 26ᵉ chasseurs, enlevait cette position défendue avec acharnement.

⁎ ⁎ ⁎

Ce coup de main, vigoureusement mené, dégageait la place de la Madeleine et facilitait aux généraux Douay et Vinoy l'accès de la place de la Concorde que, depuis la naissance du jour, ils canonnaient sans relâche.

⁎ ⁎ ⁎

En effet, à partir de ce moment, la barricade qui barrait le faubourg Saint-Honoré, ne fut plus tenable, et les gens de la Commune qui l'occupaient se retirèrent par la rue Royale derrière la redoute construite entre le Ministère de la marine et les bâtiments du Garde-Meuble; mais toujours par suite du même système, déjà mis en pratique sur la rive gauche, ils incendièrent, avant de lâcher pied le pâté de maisons situées au coin du faubourg Saint-Honoré, du côté de la Madeleine, et celui formant l'angle droit de la rue Royale.

⁎

Une heure après, comprenant qu'ils allaient être cernés par les troupes qui arrivaient en masse par le haut du faubourg et par le boulevard Malesherbes, ils abandonnèrent également cette nouvelle position compromise, en gagnant à la hâte, par les arcades blindées du Ministère de la marine, la forteresse construite à l'angle de la place et à l'extrémité de la terrasse des Feuillants.

⁎

Une déception cruelle les attendait en cet endroit: les défenseurs de cette formidable redoute, considérée par la Commune comme inexpugnable, n'avaient pas jugé prudent de s'y maintenir ; ils avaient commencé par répondre au feu des canons versaillais mis en batterie à l'entrée du Cours-la-Reine, mais à la vue des pantalons rouges qui faisaient irruption par la rue Saint-Florentin et allaient les prendre entre deux feux, ils s'étaient repliés dans le plus grand désordre du côté de la place Vendôme, en mettant le feu aux matières inflammables accumulées par ordre supérieur dans le Ministère des finances.

* * *

A l'heure où les divisions du centre, après avoir démonté les batteries des terrasses, occupaient la place de la Concorde et s'emparaient de la barricade qui barrait le quai des Tuileries, l'amiral Pothuau et ses braves marins s'installèrent au Ministère de la marine qu'ils venaient de débloquer, pendant qu'une partie des troupes du général Clinchamp, qui s'était massée durant la nuit dans les rues d'Amsterdam et de Clichy, franchissait les barricades de la place Moncey et de la rue Lépic.

* * *

De son côté, le général Ladmirault débordait par la gare du Nord, livrant un combat acharné aux défenseurs des barricades de l'avenue Trudaine, et arrivait presque en même temps que le général Clinchamp à la Mairie du XVIII° arrondissement, au cœur même de Montmartre.

* * *

Toujours à la même heure, les soldats du général Montaudon, entrant par la porte de Clignancourt, renversaient la barricade de la rue Mercadet et escaladaient les hauteurs précisément sous les batteries du Moulin de la Galette, batteries rendues impuissantes par ce hardi coup de main brusquement accompli.

※

A trois heures, tout était fini et le drapeau tricolore remplaçait le hideux chiffon rouge sur la tour de Solférino.

※

A la fin de cette journée du mardi dont les résultats en faveur de l'armée régulière étaient décisifs, une grande agitation régnait toujours à l'Hôtel-de-Ville où siégeait, impassible, le citoyen Delescluze.

※

Le général (?) Eudes envoyé dans l'après-midi en reconnaissance n'avait pas dissimulé au Comité de salut public, resté en permanence, les progrès des Versaillais: il avait même avancé la proposition d'abandonner l'Hôtel-de-Ville. « Montmartre peut se défendre, avait-il dit;
» l'Hôtel-de-Ville ne le pourra pas...Alors nous
» y f.... le feu, avait répondu l'un des membres
» du Comité... Et nous nous retirerons sur les
» hauteurs, avait ajouté un autre: tant que Mont-
» martre, Belleville et le Père-Lachaise tien-
» dront, nous pourrons nous défendre, et voilà
» des gaillards qui nous donneront un coup de
» main. » En prononçant ces paroles, le membre de la Commune montrait à ses collègues

la foule de gens armés qui encombraient la place.

※

En effet, il restait encore à ce moment-là aux ordres de la Commune, tous ceux qui avaient à se plaindre de la société et de ses lois, depuis les habitués des carrières d'Amérique jusqu'aux forçats libérés et en rupture de ban.

Il y avait aussi le contingent des dupes, des esprits faux qui rêvaient de bonne foi peut-être une république idéale devant ramener l'âge d'or sur la terre, et enfin cette tourbe cosmopolite chassée de la patrie qu'elle mettait en péril par les idées subversives qu'elle avait prétendu faire prévaloir à tout prix ; dignes soldats de pareils chefs.

※

Au moment où le jour commençait à baisser, les hôtes de l'Hôtel-de-Ville purent se convaincre que leurs ordres avaient reçu un commencement d'exécution, car des lueurs sinistres éclairaient le ciel au-dessus du quartier de la Madeleine et de la partie sud du faubourg Saint-Germain.

Mais ce n'était qu'un commencement.

※

..... Vers minuit, une épouvantable explosion se fit entendre et les bâtiments du Louvre en tremblèrent jusque dans leurs fondations, c'était la partie centrale du Palais des Tuileries, le pavillon de l'Horloge, où l'on avait accumulé des barils de poudre, qui venait de sauter.

Bientôt le palais tout entier ne fut plus qu'un immense brasier alimenté par des ruisseaux de pétrole qui tombaient en cascades de tous les étages ; dix minutes après, le feu éclatait également dans les bâtiments du Louvre du côté de la rue de Rivoli et réduisait en cendres la riche et inappréciable bibliothèque que renfermait le pavillon faisant face au Palais-Royal.

MERCREDI VINGT-QUATRE MAI

Dans la nuit de mardi à mercredi plusieurs membres de la Commune se sentant perdus s'étaient réunis à l'usine à gaz du boulevard de Vincennes.

Préoccupés, avant tout, du soin de sauver leurs têtes, ils avaient donné l'ordre de gonfler sans retard un ballon qui, à tout hasard, se trouvait depuis plusieurs jours dans l'établissement. Le gonflement étant terminé, ils allaient prendre place dans la nacelle, quand des gardes nationaux, compromis par le fait de ces hommes qui ne pensaient plus qu'à leur propre salut, s'opposèrent au départ de l'aérostat. « Vous nous avez mis dans le pétrin, aurait dit un des assistants, vous y resterez avec nous. »

*
* *

Les opérations de l'armée, restées stationnaires pendant la nuit, furent reprises dès la pointe du jour avec une nouvelle vigueur.

*
* *

A l'extrême droite, les troupes du général de Cissey qui avaient occupé la veille les VII°, XIV°

et XVᵉ arrondissements enlevaient successivement toutes les barricades derrière lesquelles les insurgés tentaient vainement de s'opposer à ce mouvement en avant.

* * *

Le général de Cissey avait profité du dégagement des boulevards Brune et Jourdan pour couronner les bastions 78, 79 et faire canonner à outrance le fort de Montrouge que les communeux s'empressèrent d'évacuer après avoir mis le feu aux casernes et fait sauter la poudrière.

* * *

L'objectif de l'aile droite étant le Panthéon, les troupes qui la composaient, exécutant à la lettre les instructions qu'elles avaient reçues, s'avançaient plus ou moins vite, suivant les obstacles qui se présentaient, mais en conservant toujours leur ligne de bataille qui formait un énorme demi-cercle.

La gauche, arrivée depuis la veille au centre du faubourg Saint-Germain, ralentissait sa marche et pivotait sur elle-même pendant que la droite, lancée au pas accéléré, accomplissait son mouvement tournant en envahissant successivement Vaugirard, Plaisance et le quartier de l'Observatoire.

* * *

A huit heures, les soldats de la ligne, campés dans les rues de Sèvres et du Cherche-Midi, se mettaient en marche, et s'avançaient résolûment sur les barricades de la Croix-Rouge.

*
* *

A cet endroit, les insurgés se défendirent énergiquement pendant plusieurs heures; ils avaient envahi les maisons dont les fenêtres ouvraient sur la place, et ils échangeaient avec les assaillants une fusillade sans intermittence. Plusieurs pièces d'artillerie, braquées du côté de l'Abbaye-aux-Bois sur le square des Petits-Ménages, envoyaient successivement un grand nombre d'obus.

*
* *

Tant que les barricades qui protégeaient les flancs de leur position rue de Grenelle, rue du Cherche-Midi et rue du Dragon purent retarder la marche des pantalons rouges, les communeux se battirent en désespérés, mais dès qu'ils s'aperçurent que les hommes qui seuls pouvaient assurer leur retraite commençaient à lâcher pied, ils perdirent courage, et en vinrent alors aux moyens extrêmes déjà mis en pratique par leurs semblables.

*
* *

Comme les misérables qui avaient incendié la veille les bâtiments du quai d'Orsay et le bas de la rue du Bac, les défenseurs de la Croix-Rouge mirent le feu avant de fuir aux maisons formant le coin des rues de Sèvres et de Grenelle, et le pétrole venant à leur faire défaut, ils défoncèrent un baril d'absinthe pris dans la cave d'un marchand de vin et en versèrent le contenu sur des matelas accumulés contre les devantures des magasins.

*
* *

Bientôt l'incendie se propagea rapidement, et pendant une partie de la soirée il fut impossible d'en arrêter les progrès.

*
* *

Chassés plus tard de la place Saint-Sulpice et de la Mairie du VIe arrondissement qu'on ne leur laissa pas le temps d'incendier, ils gagnèrent la montagne Sainte-Geneviève pour se réfugier derrière la barricade du boulevard Saint-Michel à l'entrée de la rue Soufflot.

D'un autre côté, les insurgés retranchés dans l'avenue de l'Observatoire, voyant les Versaillais déboucher en masse par le boulevard Montparnasse et la rue d'Enfer, ne tentèrent même pas de défendre la position (1).

(1) Ils essayèrent cependant de livrer aux flammes l'Observatoire, mais cet établissement fut sauvé d'une entière destruction par les courageux efforts de M. Delaunay aidé du personnel de la maison et d'ouvriers réfractaires à la Commune qui s'y étaient réfugiés.

Ils traversèrent rapidement le jardin du Luxembourg, en faisant sauter derrière eux la poudrière placée dans les anciennes baraques d'ambulance au coin de la rue d'Assas et de la grille du jardin.

* * *

Au moment où l'explosion eut lieu, un marin grimpé au faîte du palais du Luxembourg y arborait le drapeau national.

La formidable explosion de cette poudrière fit trembler toutes les maisons du quartier Vaugirard et en brisa presque toutes les vitres.

* * *

Avant d'arriver jusqu'à la barricade de l'avenue de l'Observatoire, les soldats de la division du général de Cissey, qui débouchaient par la rue de Vanves et la chaussée du Maine, étaient venus se heurter contre une des plus importantes positions des communeux : le cimetière Montparnasse dont les hautes murailles avaient été crénelées.

Il fallut amener des canons et pratiquer une brèche ; elle fut ouverte dans la direction du Champ d'Asile, et au moment où elle fut praticable, une mitrailleuse, placée à la porte d'entrée sur le boulevard de Montrouge, prit les insurgés entre deux feux et en fit un horrible carnage.

Maîtres du cimetière dans l'après-midi, les soldats de Versailles eurent à se garer d'une grêle d'obus que leur envoyait par-dessus les maisons une batterie établie rue Vavin.

Cette rue, barrée par une importante barricade, fut attaquée et défendue avec acharnement, et quand les insurgés poursuivis de maison en maison, se virent forcés dans leurs retranchements, ils se sauvèrent par le jardin du Luxembourg, mais non sans avoir pris le temps d'allumer les matières inflammables disposées à l'avance pour propager l'incendie.

* * *

Cependant le dernier refuge des révoltés dans le quartier du Panthéon allait bientôt tomber au pouvoir de l'armée.

* * *

Traverser le jardin du Luxembourg, enlever la barricade du boulevard Saint-Michel, gravir la rue Soufflot et celle des Fossés-Saint-Jacques, fut pour nos braves soldats l'affaire de quelques instants.

Accueillis en face le Panthéon par une violente fusillade, les marins, soutenus par le 17e chasseurs et quelques hommes du 71e, escaladèrent la redoute construite en travers la place, et à quatre heures et demie ils pénétraient, la hache à la main, dans la Mairie du Ve arrondissement défendue par trois cents communeux.

* * *

Là, il se passa quelque chose d'horrible : les séides de la Commune se réfugièrent dans les chambres, dans les couloirs, et à mesure que les portes volaient en éclats sous la hache des marins, ils tiraient à bout portant sur les assaillants.

Ceux-ci, furieux de cette résistance désespérée, n'épargnèrent personne, et quand les soldats de la ligne entrèrent à leur tour dans les bâtiments pris d'assaut, ils ne trouvèrent plus que des cadavres.

* * *

Le commandant Montaut et le colonel Galle, arrivés à la tête de leurs braves soldats, firent éteindre un commencement d'incendie et trouvèrent dans les caves plusieurs barils de poudre auxquels les insurgés, poursuivis de près, n'avaient pas eu le temps de mettre le feu.

* * *

Les marins, par ordre du commandant Moynier, emportèrent les barils de poudre dans les caveaux du Panthéon où se trouvaient déjà vingt-huit millions de cartouches.

* * *

Le commandant Moynier, entré le premier

dans l'Eglise à la tête du 17ᵉ de ligne, avait eu la précaution de faire couper les fils qui mettaient ce monument en communication avec la Mairie. C'est donc grâce à lui que le quartier tout entier fut préservé d'un épouvantable désastre, dans lequel, outre le Panthéon et les maisons particulières, la magnifique bibliothèque de Sainte-Geneviève aurait été engloutie.

Pendant qu'on s'emparait de la montagne Sainte-Geneviève et qu'on dégageait Sainte-Pélagie (1) et le Jardin des Plantes, une partie des troupes qui avaient concouru à la prise du Cimetière Montparnasse s'avançait rapidement par le boulevard Arago ayant mission d'investir la prison de la Santé et les Gobelins.

*
* *

Pour accomplir cette opération, les Versaillais s'étaient séparés en deux colonnes, la première enfilait le boulevard du Port-Royal, tandis que la seconde prenait la manufacture à revers par le boulevard d'Italie et l'avenue des Gobelins.

*
* *

Sur ces deux points, la résistance des commu-

---

(1) La veille à onze heures et demie du soir, M. Gustave Chaudey, écroué à Sainte-Pélagie d'après les ordres du Procureur de la Commune, le citoyen Rigault, comme coupable d'avoir défendu l'Hôtel-de-Ville au 31 Octobre, avait été massacré en même temps que trois soldats de la garde républicaine de la caserne des Célestins,

neux fut acharnée, et quand ils virent qu'ils allaient être cernés, ils s'empressèrent, comme toujours, de brûler ce qu'ils ne pouvaient plus défendre. Fort heureusement les troupes, en faisant irruption dans les bâtiments, parvinrent à arrêter promptement les progrès de l'incendie, et les pertes à déplorer sont relativement minimes en comparaison de ce qu'elles auraient pu être.

*
* *

Pour se rendre un compte exact de la marche progressive des troupes engagées, il est nécessaire de les suivre pas à pas, tantôt sur la rive gauche, tantôt sur la rive droite, et aussi au centre des opérations, le long des quais et des grands boulevards.

Si leur marche parut s'effectuer avec une certaine lenteur, il y a lieu de faire observer qu'avant de s'engager dans les grandes voies, les soldats étaient obligés de dégager toutes les rues adjacentes et de livrer dans chacune d'elles des combats meurtriers.

*
* *

Dans la journée de mardi, les divisions des généraux Montaudon et Clinchamp ayant envahi Clichy, débarrassé les Batignolles et couronné les hauteurs de Montmartre pour tenir en respect les Buttes Chaumont, Belleville et le

Père-Lachaise, aucun mouvement en avant ne fut tenté de ce côté pendant la journée de mercredi.

* *

Reste donc à suivre les opérations du centre dans les Ier, IIe, IIIe et VIe arrondissements.

* *

Pendant qu'un corps de troupes s'avançait par le boulevard Haussmann, un autre détachement suivait le boulevard des Capucines; il s'agissait de cerner le nouvel Opéra, qu'on supposait occupé par de nombreux insurgés; mais par suite d'un oubli incompréhensible, ils avaient négligé de se fortifier dans ces immenses bâtiments qui pouvaient être pour eux une formidable citadelle.

* *

Embusqués derrière les barricades des rues Halévy et de la Chaussée-d'Antin, ils s'étaient contentés d'entasser dans le nouvel Opéra des engins explosibles reliés par un système souterrain avec des torpilles qui ont été trouvées depuis devant les barricades de la rue de la Paix et place Vendôme, autour du piédestal de la Colonne.

* *

Prévenu par un habitant du quartier qu'il n'y avait personne dans les bâtiments, un officier de l'armée fit enfoncer les portes à coups de crosses, et les soldats, se répandant dans l'édifice occupèrent toutes les fenêtres, d'où ils ouvrirent un feu nourri qui eut bientôt mis les communeux en fuite.

* * *

A la même heure, les insurgés, se voyant refoulés par les troupes du général Douay, abandonnaient le Louvre et se repliaient sur la barricade construite rue de Rivoli, devant la maison Botot, qui fut bientôt après incendiée, et dont il ne reste plus aujourd'hui que des ruines.

* * *

La prise du nouvel Opéra, qui ouvrait aux Versaillais l'entrée de la rue de la Paix, faisait en même temps tomber en leur pouvoir la barricade de la rue Neuve des Petits-Champs et facilitait ainsi l'occupation de la place Vendôme, cernée des deux côtés.

* * *

C'est à ce moment que l'amiral Pothuau, lançant ses marins par la rue du Quatre-Septembre, fit attaquer la barricade de la rue de la Michodière, déblayer, non sans de grands efforts, la place Gaillon et celle de la Bourse (1), et de là

---

(1) En cet endroit, après quelques coups de fusil échangés, les insurgés cessèrent le feu et demandèrent à parlementer ; *ils*

s'empressa d'envoyer un fort détachement avec mission de dégager et de protéger à tout prix la Bibliothèque de la rue de Richelieu. C'est donc grâce au brave amiral Pothuau que nous devons la conservation d'une des plus précieuses et des plus inestimables parties de nos trésors nationaux.

*
* *

Pendant la prise du Louvre et pendant qu'une partie de la division du centre dégageait la Mairie du IX° arrondissement et se répandait dans les rues des faubourgs Montmartre et Poissonnière jusqu'à la rue Lafayette, les troupes, maîtresses de la rue de Rivoli jusqu'à la place Saint-Germain-l'Auxerrois, prenaient possession du Palais-Royal en partie consumé du côté de la place (1), de la Banque de France, heureusement intacte, de l'Administration des

---

voulaient tout simplement débaucher la troupe. Tout fut employé par eux pour atteindre leur but, douces paroles, promesses ébouriffantes.

Un capitaine surtout employait auprès des soldats de la ligne les expressions de tendresse les plus sentimentales : « N'êtes-vous pas notre sang? nos frères? Venez à nous, » nous sommes les vôtres : le peuple de Paris vous aime et il » vous tend les bras. » Les troupiers restèrent insensibles à ces belles paroles et mirent en joue les communeux.

(1) Ce sont les pompiers de Fontainebleau qui ont aidé ceux de Paris à se rendre maîtres de l'incendie du Palais-Royal. Ces braves gens ont passé quatre jours et quatre nuits au milieu des débris fumants de l'ex-résidence du Prince Napoléon.

Postes, miraculeusement épargnée, et venaient ensuite se masser sur le quai de la Mégisserie.

※

La Pointe Sainte-Eustache et les Halles se trouvaient comprises dans le périmètre dégagé et solidement occupé.

※

Le reste de la division du général de Cissey, soutenue du côté du fleuve par les canonnières de la Seine et par les renforts que les bateaux-mouche amenaient continuellement, envahissait l'Institut (1) et l'Hôtel de la Monnaie, puis enfin prenait position sur le Pont-Neuf, devant la Préfecture de police.

※

L'issue de la bataille, qui allait s'engager de nouveau, n'était douteuse pour personne, aussi le Comité de Salut public et les autres membres de la Commune, qui ne prenaient point part à l'action, songèrent-ils, vers trois heures, à

---

(1) Il paraît que les gens de la Commune tenaient tout particulièrement à détruire les trésors littéraires du palais Mazarin, car dans la nuit du jeudi au vendredi une bombe à pétrole tomba sur les mansardes de la Bibliothèque, où le feu prit mais ne consuma que quelques ouvrages insignifiants. Les livres et les manuscrits précieux avaient été mis en sûreté dans les caves du Palais par les soins de M. Charles Asselineau attaché à la Bibliothèque et qui remplissait officieusement les fonctions de conservateur en l'absence des titulaires qui avaient quitté Paris.

transporter plus loin le siége de ce qu'ils appelaient le gouvernement.

Dans la soirée du 24, il ne restait donc plus à l'Hôtel-de-Ville que les hommes chargés de l'incendier.

*
* *

A sept heures dix minutes, les troupes régulières attaquaient la barricade du Palais, déjà livré aux flammes, et à la chute du jour, la cité tout entière était évacuée par les rebelles.

*
* *

Dès les premiers moments de l'occupation, on s'empressa de circonscrire le feu qui menaçait de gagner la Sainte-Chapelle, et c'est au dévouement des pompiers de Rambouillet et de Chartres qu'on doit la conservation de ce précieux monument du vieux Paris.

*
* *

C'est encore un pompier de la province, un homme de la compagnie de Fécamp, qui a remplacé le drapeau rouge, qui flottait au-dessus du Palais-de-Justice par le drapeau tricolore (1).

(1) Dans la matinée du 24, le ministre de l'intérieur avait fait partir les dépêches suivantes :
« Le 24 mai 1871, 8 h. 50 m. du matin.
Urgent.
» *Intérieur à maires Sèvres, Meudon, Saint-Germain, Rueil.*
« Insurrection vaincue à Paris se venge par l'incendie. Réunissez d'urgence les pompiers de votre commune et faites-les venir à Paris.

L'église métropolitaine a échappé au désastre préparé par les incendiaires. Ils avaient entassé, au milieu de la nef, des tonneaux de pétrole recouverts de tous les bancs et des chaises qu'ils avaient pu réunir dans l'édifice ; mis en fuite par l'arrivée soudaine des pantalons rouges, ils mirent le feu à ce bûcher, mais les internes de l'Hôtel-Dieu, accoururent et se rendirent maîtres de l'incendie.

* * *

Dans cette soirée du 24, les abords du Palais municipal furent cruellement éprouvés. Dès le matin, une tentative d'incendie, heureusement avortée, avait été faite au théâtre du Châtelet, plus heureux que son voisin le Théâtre-Lyrique, dévoré tout entier par les flammes.

Mais ce n'était pas assez pour les monstres que notre brave armée avait à combattre : ils voulaient avant tout détruire, et détruire surtout

---

» Rendez-vous au Trocadéro avec pompes et costume de feu. Mettez-vous à la disposition du maréchal Mac-Mahon. Prévenez-moi télégraphiquement. »

Le corps des pompiers a répondu avec le plus méritoire empressement à l'appel fait à son concours par le ministre de l'intérieur.

Non-seulement les pompiers de toutes les villes environnant Paris étaient allés se grouper au Trocadéro, mais les pompiers des départements de l'Eure et d'Eure-et-Loir étaient arrivés hier, mercredi, à Versailles, vers deux heures. »

ce qu'on avait le plus grand intérêt à conserver.

* * *

Les bâtiments de l'Assistance publique contenant les dossiers des enfants assistés, la comptabilité des hospices et des maisons de secours, les bâtiments qui renfermaient les registres de l'état civil, ceux où se trouvaient les administrations de l'octroi et de la Caisse de la Boulangerie, ne pouvaient pas dès lors être épargnés.

Ils ne sont plus, hélas! aujourd'hui, qu'un monceau de cendres.

* * *

A l'entrée de la nuit, à l'heure où les sauveurs de la capitale, solidement établis sur les emplacements conquis, allaient prendre quelques instants de repos, un coup de canon, parti des hauteurs du Père-Lachaise, préludait au bombardement par les insurgés, des Xe, XIe et XIIe arrondissements.

* * *

Car ce n'était pas sur les troupes en marche que les misérables dirigeaient leur feu, c'était en plein Paris et à tout hasard, qu'ils allaient porter la mort et l'incendie.

JEUDI VINGT-CINQ MAI

Dès la veille, le Comité central, le Comité du salut public et ce qui restait de la Commune, s'étaient réfugiés à la Mairie du XIe arrondissement, et, suivant les instructions qui leur avaient été données, les batteries du Père-Lachaise tiraient continuellement, par bordées de trois ou quatre coups, dans toutes les directions possibles.

*

* *

Uniquement dans le but de prolonger la défense, et sans préoccupation aucune des intérêts particuliers, voici quels étaient les derniers ordres rédigés par le citoyen Delescluze avant son départ de l'Hôtel-de-Ville.

« Commune de Paris,

» Ordre à tous les chefs de barricades de
» faire créneler les maisons à 30 mètres en
» avant des positions défendues, faire ouvrir
» des passages à travers les habitations et les
» faire occuper. »

Si les soldats de la Commune avaient été plus nombreux, la résistance dans de semblables conditions eût été bien plus difficilement brisée; mais, depuis trois jours, les forces des insurgés étaient singulièrement diminuées, et, dans certaines rues, c'est à peine si les retranchements les plus solides abritaient une poignée de combattants.

※

Le jeudi matin, quand le général de Cissey donna l'ordre de reprendre les hostilités, son premier soin fut de faire prendre à ses troupes la route stratégique qui borde les remparts, pour atteindre la porte de la gare, point extrême de son rayon d'action.

Par cette manœuvre hardie, il s'assurait de tous les bastions et n'avait plus qu'à pousser les insurgés devant lui en les refoulant sur le centre.

※

Ce mouvement circulaire, commencé dans la matinée, ne fut achevé que sur les deux heures, et c'est alors que le général de Cissey donna l'ordre de marcher en avant, en prenant l'Hôtel-de-Ville pour objectif.

Le détachement qui s'empara dans la soirée de la prison disciplinaire du secteur des Gobelins, située avenue d'Orléans, ne put, hélas! que constater le crime épouvantable que les insurgés venaient de commettre en massacrant tout le personnel du collége Albert-le-Grand, composé de 24 personnes, ecclésiastiques ou laïques (1).

* * *

Les troupes achevèrent avant la nuit de s'emparer de la Mairie du XIIIe arrondissement et de tout le quartier compris entre la porte de Bicêtre et le pont d'Austerlitz.

* * *

Toute la journée, les batteries de Montmartre, tournées contre les Buttes Chaumont, les hauteurs de Belleville et le Père-Lachaise, n'avaient pas cessé d'inquiéter les insurgés qui, ne se sentant plus en sûreté au centre de Paris, arrivaient par bandes dans ces parages éloignés.

(1) Le 25 mai à quatre heures du soir le R. P. Captier, otage de la Commune comme ses confrères, fut extrait en même temps qu'eux de la prison disciplinaire du secteur des Gobelins ; on lui annonça que pour *les sauver des Versaillais*, ils allaient être transférés dans une prison plus sûre.

A la porte extérieure un commandant leur cria : « Sortez un à un dans la rue. » Alors le massacre commença et on entendit le prieur dire à ses frères : « Allons mes amis.... pour le bon Dieu !! » Blessé seulement à la première décharge le R. P. Captier fut achevé à coups de baïonnette. C'était une des plus grandes intelligences du XIXe siècle.

JEUDI VINGT-CINQ MAI.

Par suite de ce mouvement de retraite, les barricades destinées primitivement à protéger les membres de la Commune ne furent pas défendues comme elles auraient pu l'être, et les troupes chargées de les enlever eurent bientôt raison des imprudents qui s'obstinaient à s'y maintenir.

* * *

Ces brigands ne cherchaient, du reste, qu'à gagner du temps ; le feu, qu'ils étaient en train de mettre à l'Hôtel-de-Ville, pouvait encore à ce moment être facilement éteint, et il fallait, pour rendre tout secours impossible, retarder de quelques instants la marche de l'armée régulière.

Les plus audacieux d'entre eux s'étaient dévoués pour laisser aux flammes le temps de tout dévorer.

Quand la ligne pénétra sur la place en passant sur les corps de ces forcenés, un nouveau crime était consommé : le plus ancien, le plus curieux édifice de la capitale, était anéanti.

* * *

A partir de ce moment, les Versaillais n'avancèrent qu'en marchant sur des ruines ; partout, en reculant devant les baïonnettes, les communeux et les misérables femmes qu'ils traînaient à leur suite, répandaient des flots de pétrole.

La Mairie du IVe arrondissement, située derrière la caserne Napoléon, fut gravement atteinte, et, sans l'approche des troupes, elle allait avoir le sort du Palais municipal, car on trouva dans les caves trente barils de poudre destinés à faire sauter l'édifice.

* * *

Le mouvement en avant qui s'effectuait par la rue Saint-Antoine concordait avec la marche d'une autre division, par les grands boulevards, où plusieurs combats sanglants eurent lieu dans la journée.

* * *

L'obstacle le plus difficile à renverser fut la barricade élevée près de la porte Saint-Martin, à l'entrée du boulevard de Strasbourg. Là, comme ailleurs, les gens de la Commune appelèrent l'incendie à leur secours, et un grand nombre de maisons, dans le Xe arrondissement, furent détruites par le feu.

* * *

Avant que les Versaillais fussent parvenus à la hauteur du restaurant Deffieux, le théâtre de la Porte-Saint-Martin flambait, et, en s'écroulant, enveloppait dans le même désastre les maisons auxquelles il était appuyé.

Bientôt ce fut le tour de la caserne du Prince-Eugène, dont on ne s'empara qu'après plusieurs combats acharnés et sanglants.

* * *

La place du Château-d'Eau était une véritable place d'armes; les barricades, ou plutôt les redoutes qui la défendaient de tous les côtés, étaient hérissées de canons, et ce ne fut qu'après les plus grands efforts que les troupes parvinrent à se frayer un passage pour continuer leur mouvement en avant du côté de la Bastille, laissant aux corps d'armée qui les suivaient le soin de déblayer les autres issues encore occupées par les insurgés.

* * *

A l'extrémité du boulevard Beaumarchais, les maisons donnant sur le canal Saint-Martin et celles de la rue Sedaine furent en partie livrées aux flammes avant l'arrivée des Versaillais (1).

* * *

Pendant que deux fortes divisions s'avançaient simultanément par les deux grandes

---

(1) La Colonne de Juillet elle-même, ce symbole de la liberté qui, à ce titre, devait être sacrée pour ceux qui prétendaient combattre l'oppression, était condamnée à périr; un bateau chargée de tonneaux de pétrole avait été conduit à cette intention sous

voies qui aboutissent à la place de la Bastille, d'autres corps de troupes opéraient dans les quartiers intermédiaires.

* * *

Trois barricades construites rue Turbigo furent successivement enlevées, ce qui permit aux soldats qui accomplirent cette rude besogne de faire leur jonction avec leurs camarades arrivés depuis une heure sur la place du Château-d'Eau.

* * *

Le détachement qui eut à dégager la rue Saint-Martin, coupée comme la rue Turbigo par plusieurs ouvrages de défense, balaya, sans en excepter une seule, les petites rues aboutissant d'un côté au faubourg Saint-Denis, et de l'autre au boulevard de Strasbourg où s'était massée une importante réserve.

* * *

La prise de la place de la Bastille eut lieu dans la soirée par la division du général Vergé; elle fut, du reste, singulièrement facilitée par l'excellente attitude de la population du fau-

---

la voûte du canal et le feu qui devait anéantir le mausolée des héros de Juillet 1830 ne causa pas les ravages sur lesquels on avait compté. La voûte seule du canal fut calcinée par les flammes : la colonne resta debout, mais elle fut percée de part en part par les obus venant du Père-Lachaise.

bourg Saint-Antoine qui ne pactisa jamais avec les infâmes coquins dont le règne passager les priva de travail.

Ce dernier engagement termina la journée.

*
* *

Les différents corps d'armée qui occupaient ce soir-là tous les quartiers de Paris depuis les remparts du Point-du-Jour jusqu'à Bercy et la gare de Lyon, avaient donc leurs têtes de colonne sur la même ligne, et quand ils reçurent l'ordre de bivouaquer, les soldats qui campèrent pendant la nuit du 25 au 26 autour de la colonne de Juillet assistèrent à un sinistre spectacle : le Grenier d'Abondance était en flammes.

Du côté de la prison Mazas, restée intacte, un autre incendie complétait cet horrible tableau, c'étaient plusieurs maisons de la rue de Lyon auxquelles les pétroleuses étaient parvenues à mettre le feu (1).

---

(1) Dans cette journée du 25 où le général de Cissey avait fait occuper les bastions des portes de Vitry, d'Ivry et de Bicêtre, le lieutenant de cavalerie de Saint-Hilaire était de grand'-garde en reconnaissance. Il s'avança et s'aperçut que deux barricades situées en avant de Bourg-la-Reine étaient inoccupées. Il en avertit un poste d'infanterie placé à Rangis et se dirigea sur Cachan que les fédérés avaient évacué trois quarts d'heure auparavant ; il était quatre heures et demie.

Ce succès l'encouragea ; il poussa sur les Hautes-Bruyères, entra avec quatre hommes par la porte laissée ouverte à la gorge, et planta le drapeau tricolore. Un lieutenant d'artillerie

VENDREDI VINGT-SIX MAI.

—

Le quartier du Temple avait été occupé la veille; cependant il n'était pas entièrement dégagé, et dans la journée du 26, pendant que les Versaillais marchaient en avant, plusieurs combats y furent livrés. C'est dans un de ces engagements que l'armée eut à déplorer la perte du général de division Leroy de Dais, tué au coin de la rue de Commines (1).

de la garde nationale y gisait seul, paraissant s'être brûlé la cervelle. Il était cinq heures.

Bientôt Bicêtre était occupé : un capitaine du 4e dragons, accompagné d'un caporal du 114e de ligne, se dirigeait vers le fort, coupait l'arrière-garde des fédérés en retraite, faisait dix prisonniers, dont un officier à chemise rouge et képi de lieutenant d'artillerie.

Peu après, la redoute de Villejuif était prise par dix hommes et un officier du 4e dragons, M. de Montmarin. On y trouvait trois voitures de munitions; on y recueillait trois officiers fédérés, dont un capitaine trésorier.

Le Moulin-Saquet était enlevé aussi par un officier du 4e dragons, et enfin le fort d'Ivry était conquis par le même régiment.

C'est une belle page dans l'histoire de la cavalerie.

C. L.

(1) C'est également le 26 que le corps du citoyen Delescluze fut trouvé percé de plusieurs balles aux environs de la barri-

A quatre heures du matin, le général Derrojat, qui commandait une division de réserve et dont les troupes étaient appuyées par plusieurs canonnières qui remontaient la Seine, commença par faire occuper la Rapée et les quais jusqu'au viaduc assez vigoureusement défendu. Il s'assura ensuite de la ligne de Lyon, et exécutant alors un mouvement tournant à gauche, fit suivre à ses troupes la route stratégique et le chemin de fer de Ceinture jusqu'à la porte Montenpoivre, au point où la ligne de Vincennes traverse les remparts.

Arrivé à cette hauteur, le général Derrojat devait attendre pour pousser jusqu'à la barrière du Trône que les troupes des généraux Douay et Clinchamp fussent parvenues à s'emparer du XII° arrondissement qui confine la rue du faubourg Saint-Antoine : le détachement qui avait pour objectif la Mairie du XII° et qui s'avançait dans cette direction par la rue de Bercy, se trouva tout d'abord en face une importante barricade armée de plusieurs pièces de canon. Un combat sanglant était imminent, la victoire des Versaillais eût été chèrement achetée, quand,

---

cade du Chateau-d'Eau. L'histoire qui enregistrera la mort héroïque du général Leroy de Dais dira en parlant du délégué de la Commune, qu'un pareil misérable n'était pas digne de mourir, comme un brave soldat.

par suite de l'indiscrétion d'un chirurgien-major de la Commune, le mot de passe fut livré aux pantalons rouges qui purent s'emparer par surprise de la redoutable batterie (1).

*
* *

A partir de ce moment, les troupes gagnèrent pied à pied le terrain et renversèrent successivement tous les obstacles qui s'opposaient à leur marche en avant. Dans l'après-midi, la ligne, maîtresse de la Mairie du XII° arrondissement avait dégagé la caserne de Reuilly où les insurgés avaient réuni un grand nombre de soldats blessés pendant le premier siége (2).

*
* *

A cinq heures, la place du Trône était occupée par l'armée de Versailles.

*
* *

Vers quatre heures de l'après-midi, au moment où les troupes françaises menaçaient d'occuper la place du Trône, plusieurs bataillons fédérés, formant un effectif d'environ trois

---

(1) Le mot de passe, livré aux Versaillais par le chirurgien-major de la Commune, était France et Ringue.

(2) Ces braves militaires qui, au risque d'être assassinés par les gens de la Commune, avaient toujours énergiquement refusé de prendre les armes contre leurs frères de Versailles et qui, depuis deux mois, avaient souffert mille privations, furent immédiatement mis en liberté, et dirigés sur l'École militaire, où les soins les plus empressés allaient leur être prodigués.

mille hommes, sortirent de Paris par la porte de Vincennes et vinrent se constituer prisonniers entre les mains des Bavarois ; ceux-ci les désarmèrent et un peu plus tard les livrèrent à un bataillon de chasseurs à pied qui les escortèrent jusqu'à Versailles.

* * *

A la même heure, les insurgés, pour ralentir la marche des troupes qui, du côté de Montmartre, s'approchaient de plus en plus des quartiers de Belleville, incendiaient les entrepôts de la Villette, et anéantissaient en quelques heures les immenses richesses qu'ils contenaient.

* * *

Pendant toute la nuit du 26 au 27, les flammes de cet immense brasier éclairèrent toute la partie Est de Paris même jusqu'au faubourg Saint-Germain.

* * *

Depuis son entrée dans Paris, l'armée de Versailles n'avait pas cessé de suivre l'insurrection pas à pas dans sa marche rétrograde, lui enlevant successivement les positions les plus importantes, et lui faisant des prisonniers, dont le nombre excède 25,000 hommes, sans compter les blessés, ceux passés par les armes sur les barricades prises d'assaut, ou tués dans les différents engagements. Le nombre de ces derniers est considérable.

Dans toutes ces opérations sagement calculées, le maréchal de Mac-Mahon (1) et les généraux sous ses ordres ont toujours eu à cœur de ménager nos braves soldats qui ne demandaient qu'à enlever au pas de course et à la baïonnette les obstacles qui leur étaient opposés.

*
* *

Dans la matinée de ce jour, vendredi 26, le général Vinoy, à la tête des divisions Bruat et Faron, s'emparait du faubourg Saint-Antoine jusqu'à la barrière du Trône où il faisait sa jonction avec le corps du général Derrojat, en même temps que le général Douay, ayant sa gauche à la Bastille et sa droite au Cirque Napoléon, s'engageait dans les rues Obercampf et de la Roquette pour investir, par le boulevard Voltaire, la Mairie du XI° arrondissement.

*
* *

De son côté le général Ladmirault qui, la veille, s'était arrêté entre les portes Saint-Denis et Saint-Martin, forçait l'entrée du boule-

(1) Nous n'avons cité dans cette rapide esquisse que les noms des généraux commandant les principales divisions.
Nous laissons aux rapports militaires qui seront publiés ultérieurement, le soin de compléter les renseignements qui nous manquent.

vard de Strasbourg, prenait à revers les barricades du faubourg Saint-Denis et, à travers les décombres des maisons détruites par le pétrole, pénétrait jusqu'à la place Pigale et l'église Saint-Laurent.

*
* *

C'est à ce moment que furent enlevées les gares du Nord et de l'Est.

*
* *

Une fois maîtresses de ces deux positions, les troupes eurent encore un rude combat à soutenir devant la barricade de la rue des Récollets; pour s'en emparer, les soldats durent établir des cheminements dans l'intérieur des maisons, car c'était un des points les plus solidement fortifiés par les insurgés.

*
* *

Arrivés enfin après les plus grands efforts sur les bords du canal, en face l'hospice Saint-Louis, les Versaillais n'avancèrent plus qu'avec circonspection ; ils savaient que les communeux s'étaient retranchés dans l'hospice rempli de malades et ils voulaient à tout prix éviter le malheur de détruire ce refuge de la souffrance et de la faiblesse. Ce fut donc à la baïonnette qu'ils enlevèrent les barricades des rues Granges-aux-Belles et Bichat, et grâce au dévouement héroïque avec lequel ils affrontèrent la fusillade sans répondre au feu de l'ennemi, les bâtiments de l'hospice furent abordés et pris d'assaut sans que les malades eussent à en souffrir.

* * *

Aux confins du XII⁰ arrondissement, les troupes du général Ladmirault, ralliées par celles du général Clinchamp qui avaient opéré à l'ouest, prirent position sur le boulevard de la Villette, en face Belleville et les Buttes Chaumont.

* * *

Dans la même journée, la division du général Montaudon qui avait gagné, par la route stratégique, le XVIII⁰ arrondissement, s'était emparée d'une redoute armée de canons, placée au Rond-Point du boulevard de la Villette.

* * *

Une autre division, celle du général Grenier, avait dégagé et occupé l'abattoir et le Marché aux bestiaux; quand, dans la soirée, les troupes du général Douay eurent envahi la Mairie du XI⁰ arrondissement, où, par parenthèse, ils ne trouvèrent plus aucun membre de la Commune, elles se dirigèrent rapidement sur la prison de la Roquette. Mais la nuit arrivait et la barricade qui en défendait les approches étant encore à ce moment vivement canonnée par une batterie placée sur le pont d'Auster-litz, l'ordre fut donné de suspendre les opérations.

SAMEDI ET DIMANCHE 27 ET 28 MAI.

—

La journée du 27 devait être le coup de grâce de la Commune.

★
★ ★

Avant de raconter le récit des événements accomplis pendant ces deux derniers jours, il y a lieu de jeter un regard en arrière et de retracer ici les scènes tragiques et à jamais regrettables qui se passèrent entre les murs de la prison de la Roquette, les 24 et 26 mai.

« Le mercredi soir 24 mai, à huit heures
» moins le quart, le délégué à la sûreté géné-
» rale, Ferré, se présente dans la 4° division
» de la prison, suivi de deux brigadiers et du
» directeur ; des gardes nationaux étaient éche-
» lonnés dans l'escalier de ronde.

» — Il nous manque six des nôtres, dit Ferré
» en parlant des membres de la Commune
» déjà fusillés par les soldats, il nous en faut
» six...

» Le livre d'écrou à la main, il choisit lui-
» même les six otages qu'il va faire fusiller.

» Ferré se dirige ensuite vers la cellule

SAMEDI ET DIMANCHE 27 ET 28 MAI.

» n° 21, où était enfermé l'archevêque de Pa-
» ris. Il appelle le prisonnier qui, d'une voix
» calme et ferme, répond: « Présent! » puis sort
» en disant à Ferré ces paroles textuelles :

» — La justice des tyrans est bien lente à
» venir.

» Les six otages voués à la mort descendent,
» sous l'escorte des gardes nationaux, jusque
» dans une des cours, où on les adosse contre
» le même mur.

» Deux feux de peloton se font entendre à
» quelques secondes d'intervalle, et toutes les
» victimes, ajustées à la fois, tombent en même
» temps.

» Vingt coups de feu éclatent ensuite isolé-
» ment; ce sont les gardes nationaux qui achè-
» vent les victimes.

» En revenant, l'un des assassins dit à un de
» ses camarades, en parlant de M. Bonjean :

» — Tiens, ce vieux as-tu vu comme il s'est
» relevé? Il a fallu qu'on l'achève (1). »

(Extrait du *Siècle*.)

(1) Voici la liste des six otages assassinés le 24 :
S. G. Mgr Darboy, archevêque de Paris.
M. l'abbé Deguerry, curé de la Madeleine.
M. l'abbé Allard, aumônier des ambulances.
Le P. Ducoudray, supérieur de l'école Sainte-Geneviève (jésuite).
Le P. Clerc, professeur (jésuite).
Le président Bonjean.

Le 26, quelques heures seulement avant l'arrivée des Versaillais, un nouveau massacre ensanglantait les murs de la prison et cette fois de nouveaux otages tombaient foudroyés par les balles de leurs assassins (1).

*
* *

Dès que l'ordre de marcher en avant fut donné, les troupes qui avaient passé la nuit sur le boulevard Voltaire autour de la Mairie du XIe arrondissement débouchèrent par la rue de la Roquette et abordèrent au pas de course la barricade qui les séparait de la prison.

Cette barricade, à moitié détruite par les boulets lancés du pont d'Austerlitz, fut cependant vigoureusement défendue. Les insurgés comprenaient que les hauteurs du Père-La-

---

(1) Les victimes de la journée du 26 étaient :

Le P. Olivain, supérieur de la résidence, rue de Sèvres (jésuite).

Le P. Caubert, procureur.

Le P. de Bengy (jésuite).

L'abbé Sabattier, 2e vicaire de Notre-Dame de Lorette.

L'abbé Planchat, aumônier du patronage Sainte-Anne.

Les RR. PP. Tuffier, Radiguet, Rouchouze, Tardieu, prêtres (maison de Picpus).

M. Seigneuray, séminariste de Saint-Sulpice.

Parmi les gendarmes et les ecclésiastiques fusillés comme otages dans ces jours néfastes, on cite encore M$_{gr}$ Surat, vicaire général, protonotaire apostolique, l'abbé Houillon et M. l'abbé Bécourt, curé de Notre-Dame de Bonne-Nouvelle.

chaise étant leur dernier refuge, il était de la plus haute importance pour eux d'en empêcher l'accès : ils se battirent donc en désespérés et les Versaillais ne purent franchir l'obstacle qu'en passant sur les corps de la plupart d'entre eux (1).

*
* *

On sait ce qui s'était passé dans la prison de la Roquette quand elle fut envahie par la ligne.

*
* *

A trois heures, les troupes arrivant par la rue de la Roquette, à droite et à gauche par les boulevards de Charonne et de Ménilmontant, investissaient le cimetière où les gens de la Commune s'apprêtaient à faire face à la redoutable attaque dont ils étaient menacés; en voyant arriver la nuit, ils eurent un instant l'espoir de pouvoir mettre à profit les ténèbres en organisant de nouveaux moyens de défense. Ils avaient même déjà commencé à installer sur la plate-forme de la Chapelle six pièces de

---

(1) Dans la matinée du 27, quand les insurgés se virent sur le point d'être obligés d'abandonner la barricade de la rue de la Roquette, ils se mirent en devoir d'incendier les maisons voisines et répandirent partout du pétrole. Les habitants ayant essayé de lutter contre l'incendie furent saisis par les communeux, placés contre le talus de la barricade et impitoyablement fusillés.

sept et une mitrailleuse destinées à balayer la rue de la Roquette, quand la division du général Bruat, à la faveur de l'obscurité qui protégeait sa marche, fit irruption dans le cimetière par une brèche qui existait dans le mur du côté de Charonne.

***

Toute résistance sérieuse devenait alors impossible et si, favorisée par les retraites que les monuments funéraires offraient aux insurgés, elle se prolongea toute la nuit et pendant une partie de la journée de dimanche, elle ne pouvait laisser aucun doute sur le résultat définitif de cette lutte insensée.

Pendant que dans la journée du dimanche les Versaillais achevaient de dégager le cimetière, les deux divisions des généraux Ladmirault et Clinchamp occupaient sans rencontrer d'obstacles les Buttes Chaumont et les hauteurs de Belleville abandonnées par les communeux.

***

Tout était donc fini, et le 28, à trois heures de l'après-midi, par ordre du maréchal Mac-Mahon, général en chef, trois coups de canon, tirés de la Butte Montmartre et répétés par le Mont-Valérien, annonçaient aux membres de l'Assemblée nationale, réunis autour de M. Thiers, que

PARIS ÉTAIT SAUVÉ

Paris, a été bien réellement sauvé par l'armée de Versailles, car la grande ville était vouée à une entière destruction ; non-seulement les égouts qui la sillonnent dans toutes les directions, avaient été minés par les gens de la Commune, mais, pour arriver à engloutir d'un seul coup une grande partie de la rive gauche, ils avaient accumulé dans les catacombes, un nombre considérable de barils de poudre. Nous apprenons ce fait par la note suivante publiée tout dernièrement dans le *Moniteur universel*.

LES CATACOMBES

« La principale entrée des catacombes, rue Dareau, 84, est toujours gardée par un poste de soldats de la ligne. Le motif de cette surveillance est d'empêcher les communeux et autres gens mal intentionnés d'y pénétrer. Le génie militaire y fait exécuter, au reste, des travaux considérables, ou plutôt il préside à la réparation des dégâts que les incendiaires de la Commune y avaient occasionnés pour établir des torpilles, des mines et autres engins de destruction. Les plafonds des catacombes étaient tapissés de fils de fer qui communiquaient entre eux jusqu'à l'extérieur et qu'il a fallu couper avec de grandes précautions. La plupart des piliers étaient minés dans toute la région souterraine qui s'étend de la barrière d'Enfer jusqu'à la rue de Vaugirard et le Panthéon, de sorte que par suite d'une explosion, tous ces quartiers auraient été engloutis sous terre. On consolide maintenant ces piliers de soutènement. Enfin, on a mis à découvert des barils de poudre et des bombes qu'on avait placés de distance en distance pour faire sauter, à un moment donné, tous les travaux qui constituent ces souterrains. »

On s'est bien des fois demandé de combien d'hommes disposait la Commune, au moment de la lutte suprême : le renseignement suivant, emprunté au journal *le Temps*, paraît assez vraisemblable.

Les tableaux de la garde nationale, publiés dans le *Journal officiel* de la Commune, donnent un chiffre d'environ 90,000 gardes nationaux sédentaires et de 85,000 gardes nationaux de marche. Mais ce compte est de fantaisie : en réalité, il n'y avait plus qu'une seule espèce de bataillons ; ils étaient composés par des hommes de tout âge, partisans de la Commune et recrutés surtout moitié par conviction, moitié par force et nécessité de vivre dans les quartiers populaires.

Ces bataillons, sauf la garde pour ainsi dire recrutée parmi les communeux d'élite, et préposée à la surveillance des points principaux de l'intérieur, comptaient chacun en moyenne un effectif variant entre 200 et 300 hommes, dont beaucoup de gamins imberbes et de gens à cheveux grisonnants.

On peut donc, sans exagération, évaluer à 50,000, un peu plus, un peu moins, le nombre réel des combattants.

BIBLIOTHÈQUE GÉNÉRALE

SALON LITTÉRAIRE NATIONAL

ou

CABINET DE LECTURE DE TOUT LE MONDE
1, RUE MÉHUL, 1

OUVRAGES DE LA MÊME COLLECTION

PAR

Léon De VILLIERS & Georges De TARGES

EN VENTE :

Tablettes d'un Mobile, Journal historique et anecdotique du siège de Paris (du 18 septembre 1870 au 28 janvier 1871). . . . . Prix : 3 fr.

Liste alphabétique des Blessés sous Paris, pendant la période du siège. In-18 jésus . . . . Prix : 50 c.

SOUS PRESSE :

Le Livre d'Or du Siège de Paris, liste de tous les citoyens décorés, médaillés, cités à l'ordre du jour, etc., suivi de la liste des blessés pendant la période du siège, in-18 jésus . . . . Prix : 2 fr. »»

La Légende des huit femmes de pierre, petit in-8 (accompagné de neuf magnifiques Photographies). Prix : 2 fr. »»

Vie de sainte Geneviève en vingt Légendes. (Édition de luxe accompagnée de 20 magnifiques gravures, par MM. René BOULANGÉ, Ed. CIBOT, J.-B. COROT, Eug. LAVIEILLE, Ch. PHILIPPART, THIRION-DUVAL, Félix VILLÉ.)

Tablettes d'un Homme d'ordre, pendant l'insurrection communale (du 18 mars au 20 mai 1871), accompagnée d'une liste alphabétique des noms propres cités dans l'ouvrage.

D'autres Volumes sont en préparation.

Saint-Quentin. — Imprimerie Jules MOUREAU.

www.ingramcontent.com/pod-product-compliance
Lightning Source LLC
LaVergne TN
LVHW021007090426
835512LV00009B/2130